# ORDONNANCE DU ROI,

*Concernant ses Gardes-du-Corps, & leur résidence & police dans les quartiers.*

Du 28 Décembre 1758.

## *DE PAR LE ROI.*

SA MAJESTÉ s'étant fait rendre compte des règlemens, décisions & usages qui concernent le service de ses Gardes-du-Corps, Elle auroit reconnu que la pluspart des dispositions qu'ils renferment, ne sont point suffisamment constatées ou assez authentiques; qu'il est plusieurs points importans auxquels il n'a pas été pourvû, & qu'il en est d'autres sur lesquels il s'est introduit des abus. Le genre du service des Gardes-du-Corps, plus spécialement affecté que celui d'aucune autre troupe à la personne sacrée des Rois, dont la garde leur est confiée; la manière dont ce Corps a été & est composé, leurs services à la guerre, & les exemples qu'offre l'histoire de la monarchie de batailles dont le fort a été décidé par leur valeur; tous ces motifs font sentir combien il est essentiel & important que la première troupe du royaume puisse, à tous égards, servir aux autres d'exemple & de modèle. Pour remplir ses vûes Sa Majesté auroit considéré que les places vacantes dans les compagnies de ses Gardes, qui ne sont point données aux Officiers du Corps, étoient dans leur origine accordées pour récompenses aux Officiers de Cavalerie & de Dragons les plus distingués par leurs services comme par leur naissance, capables par leur expérience, comme par leur réputation, de conduire les Gardes à la guerre, & de leur inspirer de la confiance; qu'on ne peut apporter trop d'attention au choix de ses Gardes; qu'il est indispensable & nécessaire de rassembler les brigades de chaque compagnie dans un même quartier; que rien n'est plus contraire à l'esprit militaire que la dispersion continuelle des membres du même corps, & qu'on ne peut former des troupes aux exercices, & les accoûtumer à la discipline, qu'en les réunissant dans un même lieu, en leur y faisant observer une police exacte, & en les y exerçant fréquemment. En conséquence, Sa Majesté a ordonné & ordonne ce qui suit:

## *DU CHOIX DES OFFICIERS.*

### ARTICLE PREMIER.

*Chefs de Brigade, tirés de la Cavalerie, doivent être Colonels ou Lieutenans-colonels en pied.*

LES Enseignes & Exempts des Gardes-du-Corps, continueront à être tirés alternativement du Corps, & de la Cavalerie ou des Dragons. Les Colonels & Lieutenans-colonels de Cavalerie ou de Dragons, ne pourront être pourvûs de brigades qui viendront à vaquer au tour de de la Cavalerie, qu'ils n'aient ſervi avec diſtinction, & qu'ils ne ſoient Colonels ou Lieutenans-colonels en pied.

I I.

*Services requis pour être Exempt.*

AUCUN Capitaine de Cavalerie ou de Dragons, ne pourra être pourvû des places d'Exempts qui viendront à vaquer au tour de la Cavalerie, qu'il n'ait ſervi avec diſtinction au moins pendant dix ans dans les troupes de Sa Majeſté en qualité d'Officier, dont cinq en celle de Capitaine avec troupe.

I I I.

*Défenſe de faire des arrangemens particuliers à l'occaſion des retraites.*

SA MAJESTÉ fait très-expreſſes inhibitions & défenſes de laiſſer vendre directement ni indirectement aucun emploi dans ſes Gardes, ni de laiſſer rien donner par l'Officier qui entre dans le Corps à celui qui en ſort pour l'engager à ſe démettre de ſon emploi, ſous peine à celui qui ſeroit entré dans ſes Gardes par une pareille voie, d'être caſſé; ordonne Sa Majeſté au Major de ſes Gardes de tenir la main à ce qu'un pareil abus n'ait lieu.

I V.

*Choix des Gardes.*

PERSONNE ne pourra être préſenté pour être Garde-du-Corps, qu'il ne ſoit né ſujet de Sa Majeſté, de la religion Catholique, Apoſtolique & Romaine, de la taille de cinq pieds cinq pouces au moins, & de maintien convenable; qu'il ne ſoit Gentilhomme ou de famille vivant noblement, & dont les mœurs & la conduite ne ſoient atteſtées par les certificats authentiques de l'Intendant & de quatre Gentilshommes de la province de ſa naiſſance ou de ſon domicile, ainſi que par les certificats des Officiers commandant les Corps où il pourra avoir ſervi. Il préſentera ſon extrait baptiſtaire au Major, pour juſtifier de ſon âge.

V.

*Réception des Gardes.*

NUL Garde ne pourra être reçû que par le Roi.

V I.

*Serment des Gardes.*

LES Gardes admis, ne recevront la bandoulière, qu'après avoir prêté ferment entre les mains du Capitaine en quartier.

V I I.

*Regiftre ou Contrôle du Major, des Aides-majors, Brigadiers & Sous-brigadiers.*

LE Major des Gardes tiendra un regiftre, contenant le contrôle de tous les Gardes, où il enregiftrera tous les nouveaux Gardes, après avoir vérifié s'ils ont toutes les qualités requifes; ce regiftre contiendra le nom, le furnom, la naiffance, l'âge, les fervices, la note des certificats, le fignalement & le domicile ordinaire de chaque Garde, ainfi que le nom de la perfonne qui l'aura préfenté: Les Aides-majors des compagnies tiendront un pareil regiftre pour les Gardes de leur compagnie, & les Brigadiers & Sous-brigadiers pour les Gardes de leur brigade.

V I I I.

*Billet de réception.*

TOUT Garde nouvellement admis, recevra du Major fon billet de réception, pour être remis entre les mains de l'Aide-major de la compagnie où il aura été reçû, & celui-ci le donnera au Commiffaire de la compagnie à la première revûe.

I X.

*Réfidence des nouveaux Gardes dans les quartiers.*

TOUT Garde nouvellement reçû, fera tenu de fe rendre fans délai au quartier de fa compagnie, à l'effet d'y réfider fix mois de fuite, & s'il n'y eft pas rendu dans un mois, à compter du jour de la date de fa réception, à moins d'excufe valable & légitime, dont l'Aide-major rendra compte à fon Capitaine, il fera rayé du rôle de la compagnie.

X.

AUCUN Garde ne pourra ſervir près de la perſonne de Sa Majeſté, qu'il n'ait au moins un an de réception & de ſervice au quartier, & qu'il n'ait été reconnu par ſes Officiers, durant ſon année de réſidence au quartier, pour un homme de bonne vie & de bonnes mœurs. *Conditions requiſes pour ſervir près du Roi.*

XI.

TOUS les Gardes qui ſeront admis comme ſurnuméraires, ſeront ſujets aux mêmes règlemens que les Gardes en pied, & remplaceront les Gardes en pied, ſuivant l'ordre de leur réception, *Gardes ſurnuméraires.*

## *ROUTE, ET LOGEMENT EN ROUTE.*

XII.

LORSQUE les Gardes-du-Corps de Sa Majeſté marcheront, ils ſeront toûjours en bon ordre, les Officiers à leurs poſtes, les Gardes dans leur rang, ſans qu'aucun en puiſſe ſortir qu'avec la permiſſion de l'Officier commandant. *Ordre dans la marche.*

XIII.

ON fera marcher quelques heures avant la Troupe, tous les valets de chaque compagnie, ſous les ordres d'un Brigadier par compagnie, & d'un Garde par brigade, pour les empêcher de s'écarter & de commettre aucun deſordre, dont le Brigadier ſera reſponſable. *Ordre pour les Valets.*

XIV.

LES Gardes, en arrivant dans le lieu du logement, ſe mettront en bataille ſur la place, ou autre terrein convenable, d'où il ſera fait un détachement d'un Brigadier & d'un Sous-brigadier par compagnie & de quatre Gardes *Arrivée & départ des Gardes.*

par brigade, pour porter les étendards chez le Commandant du Corps. Les timbales seront pareillement portées chez le Commandant, & escortées de la même manière. Avant que de se remettre en marche, un pareil détachement ira reprendre les étendards & les timbales; & l'Officier commandant fera de nouveau mettre les Gardes en bataille sur la place ou autre terrein convenable où il restera quelque temps en bataille, jusqu'à ce que tous les Gardes aient joint, qu'on ait fait l'appel dans les brigades, & que les habitans, si le cas y échoit, aient porté leurs plaintes, auquel cas il y pourvoira, & les fera réparer sur le champ.

X V.

*Fonctions des Commissaires en routes.*

Les Commissaires suivront les compagnies auxquelles ils sont attachés lorsqu'elles seront en marche; ils veilleront à la police des Gardes, à faire fournir les logemens & l'étape, suivant les règlemens de Sa Majesté: en cas de difficulté sur la fourniture de l'étape, ils s'adresseront à l'Intendant, & en son absence, à son Subdélégué, pour les faire lever; & ils rendront compte à leur Capitaine, à celui qui sera en quartier & au Secrétaire d'État ayant le département de la guerre, des difficultés qui seroient survenues dans les routes au sujet des logemens & pour la fourniture des étapes.

X V I.

*Fourriers tenus de préparer les logemens.*

Le Commandant fera toûjours partir un jour à l'avance un Garde de chaque compagnie, faisant les fonctions de Fourrier, avec un ou deux autres Gardes choisis, pour donner avis de leur arrivée aux Officiers municipaux des villes où ils devront loger, afin d'éviter les embarras & de prévenir les difficultés qui peuvent occasionner des disputes & du desordre : ces Gardes feront préparer les logemens, & visiteront les étapes.

## XVII.

*Officiers & Gardes qui iront au logement.*

LES Aides-majors partiront tous les jours de marche, à la pointe du jour, pour aller devant, avec un Brigadier & un Sous-brigadier par compagnie, & deux Gardes aussi par brigade, pour faire les logemens conjointement avec les Commissaires des compagnies & les Maire & Échevins des lieux, tant pour les Gardes que pour leurs chevaux, le plus commodément qu'il sera possible, & de manière que les brigades soient ensemble, & à proximité autant que les lieux le comporteront.

## XVIII.

*Examen & distribution des vivres & fourrages.*

A l'arrivée des Aides-majors dans les lieux où les compagnies devront loger, ils enverront un Brigadier ou Sous-brigadier visiter les magasins de fourrages, pour voir si la qualité en est bonne, & si les poids portés par l'ordonnance s'y trouvent. Le Brigadier ou Sous-brigadier restera dans le magasin, conjointement avec un des deux Gardes détachés par brigade, pour faire faire la fourniture à toute la compagnie. Lesdits Aides-majors enverront pareillement un autre Brigadier ou Sous-brigadier pour examiner la fourniture de bouche, & veiller à sa distribution.

## XIX.

*Distribution des logemens.*

UN des deux Gardes détachés de chaque brigade pour aller en avant avec l'Aide-major, distribuera les billets de logement aux valets des Officiers & Gardes, & se trouvera à l'arrivée de la troupe pour donner aux Officiers & Gardes les renseignemens nécessaires ; un d'eux indiquera le logement du Commandant, où doivent être portés les etendards & les timbales : chacun d'eux remettra le contrôle ou état du logement des Officiers & Gardes de sa brigade, au Commandant, à l'Aide-major, au Sous-aide-major & au Chirurgien : il sera aussi remis au Commandant & au Brigadier de chaque brigade, le contrôle ou l'état particulier du logement de sa brigade, ainsi qu'au Maréchal-ferrant attaché à ladite brigade.

X X.

*Logement chez les exempts.*

LE logement des Gardes se fera chez les personnes exemptes ou non exemptes, privilégiées ou non privilégiées, en observant néanmoins de n'asseoir de logement chez les personnes exemptes & privilégiées, qu'autant qu'il ne s'en trouveroit pas assez de convenables chez les personnes non exemptes ; voulant Sa Majesté que les ecclésiastiques & les gentilshommes & Officiers militaires ne soient sujets au logement des Gardes pour les maisons qu'ils occupent personnellement, que dans le cas d'une nécessité indispensable.

X X I.

*Billets donnés au refus des Échevins.*

SI les Échevins refusoient d'expédier des billets de logemens chez des exempts lorsqu'il ne s'en trouvera pas assez de bons chez les non exempts, le Commissaire des Gardes, ou en son absence l'Officier-major, pourra les expédier seul, & les habitans devront se conformer auxdits billets, comme s'ils avoient été signés par les Échevins, à peine de desobéissance : cependant comme l'intention de Sa Majesté est que le Commissaire, & à son défaut l'Aide-major, n'abuse pas de cette faculté, Sa Majesté veut que dans le cas où il sera obligé de donner des billets sans le consentement des Échevins, il soit tenu d'en dresser procès verbal, & de l'envoyer au

Secrétaire d'État ayant le département de la guerre, au Capitaine de la compagnie, & à celui qui sera de quartier auprès du Roi.

## *RÉUNION DES BRIGADES de chaque Compagnie dans un même quartier, & résidence dans les quartiers.*

### XXII.

*Réunion des brigades de chaque compagnie dans un ou deux quartiers.*

Les brigades de chaque compagnie, qui occupent différens quartiers, seront desormais réunies en un seul & même quartier, autant que la capacité des lieux pourra le permettre, mais du moins trois brigades ensemble, suivant les ordres de Sa Majesté qui leur en seront incessamment envoyés; & seront lesdits quartiers de chaque compagnie changés tous les quatre ans, en conséquence pareillement des ordres qui en seront donnés par Sa Majesté.

### XXIII.

*Résidence des Chefs de brigade & des Exempts.*

Il y aura constamment de résidence au quartier de chaque compagnie, un Chef de brigade & deux Exempts, qui seront relevés tous les trois mois; dans le cas où la compagnie occuperoit deux quartiers, lesdits Officiers y seroient partagés suivant l'arrangement qu'en feroit le Capitaine de ladite compagnie: il y aura pareillement trois Brigadiers & trois Sous-brigadiers de résidence, & ne pourront aucun d'eux, durant le temps de leur résidence quitter le quartier, qu'ils ne soient relevés, quand même ils auroient obtenu des congés.

### XXIV.

*Résidence des*

Les Aides-majors des compagnies résideront dans les

*Aides-majors & Sous-aides-majors.* quartiers, autant que la nature & la diverſité de leurs fonctions, & l'exécution des ordres de leurs Capitaines pourront le leur permettre : Les Sous-aides-majors ſeront tenus de faire une réſidence conſtante dans les quartiers, d'y ſuppléer à toutes les fonctions des Aides-majors, en leur abſence, & de les informer de tout ce qui y ſurviendra, relativement aux Gardes & à leur ſervice, afin que leſdits Aides-majors en puiſſent rendre compte à leur Capitaine & au Major.

X X V.

*Réſidence des Gardes.* TOUS les Gardes, hors ceux de ſervice ſur le guet, ſeront tenus de réſider dans leur quartier, avec pouvoir à leur Capitaine de donner des congés à ceux qu'ils jugeront être dans le cas de les obtenir, pourvû que le nombre deſdits congés n'excède pas le tiers de la compagnie.

X X V I.

*Abſens ſans congé.* LES Gardes qui s'abſenteront du quartier, ſans congé, ſeront rayés du contrôle de la compagnie, & même punis de plus grièves peines, ſuivant les circonſtances.

X X V I I.

*Premier homme d'armes, & Gardes de la manche.* LE premier homme d'armes ſera tenu de réſider au quartier de deux années une, & les vingt-quatre Gardes de la manche à la réſidence ordinaire des Gardes.

X X V I I I.

*Porte-étendards.* LES Porte-étendards ſeront tenus à la même réſidence que les Gardes.

X X I X.

*Timbaliers & Trompettes.* LES Timbaliers & Trompettes réſideront conſtamment au quartier de leur compagnie, s'y exerceront à battre & à ſonner, & ne pourront s'abſenter ſans congé, ſous peine d'être renvoyés.

XXX.

## XXX.

*Permission de s'absenter des quartiers.*

NUL Officier de résidence au quartier, ne pourra s'en absenter, ne fût-ce que pour une nuit, sans la permission par écrit de l'Officier commandant, & qu'après en avoir informé l'Aide-major; ne pourront lesdites permissions excéder le terme de huit jours: Les Officiers iront, à leur retour, rendre compte de leur arrivée à l'Officier commandant, & en informeront l'Aide-major; & faute par eux d'être revenus à l'expiration de leur permission, ils seront mis en prison & y seront détenus autant de jours qu'ils auront manqué à se rendre à leur devoir; il en sera usé de même à l'égard des Gardes qui seront tenus d'informer de leur absence & retour, le Brigadier ou Sous-brigadier de leur brigade.

## XXXI.

*Regiſtre d'ordres & de congés, tenu par les Brigadiers & Sous-brigadiers.*

LES Brigadiers & Sous-brigadiers seront tenus, indépendamment du contrôle de la réception des Gardes, de tenir un registre des congés & permissions de s'absenter, qui seront donnés aux Gardes de leur brigade, ainsi que de leur arrivée & retour dans les quartiers, & le même registre servira à y inscrire tous les ordres particuliers qu'ils pourront recevoir durant leur résidence dans les quartiers.

## XXXII.

*État des Officiers & Gardes de résidence & des absens, remis au Roi tous les trois mois.*

LES Aides-majors des compagnies enverront tous les trois mois à leur Capitaine & au Major, l'état des Officiers & Gardes qui doivent résider au quartier, & de ceux qui en auront été absens; & le Major donnera deux copies de cet état au Capitaine en quartier, qui en remettra une au Roi.

XXXIII.

*Discipline des Valets.*

Les valets des Gardes-du-Corps feront fous la difcipline de l'Officier qui commandera dans le quartier, pour tout ce qui aura rapport à leur fervice, & pour cet effet la Maréchauffée fera tenue de les arrêter à fa réquifition; lefdits valets ne pourront s'abfenter fans congé, & ceux qui voudront quitter, feront tenus d'en avertir au moins un mois d'avance, quand même ils auroient pris des engagemens par écrit pour un temps fixe, auquel cas ils doivent prévenir qu'ils ne font pas dans l'intention de les renouveler, & s'ils partoient fans faire cet avertiffement, ou avant l'expiration du mois après l'avoir fait, en ces deux cas ils feront punis par la prifon.

## ÉTABLISSEMENT DES LOGEMENS DANS LES QUARTIERS.

XXXIV.

*Affiette des logemens dans les quartiers.*

Les logemens feront faits dans les quartiers, de concert entre les Maire & Échevins, les Commiffaires des compagnies & les Aides-majors, ainfi qu'il eft porté aux articles XVII, XIX, XX & XXI de la préfente ordonnance.

XXXV.

*Commiffaires ne pourront changer les logemens faits en leur abfence.*

Les Commiffaires ne pourront refaire les logemens qui auront été faits en leur abfence par les Maire & Échevins, de concert avec les Aides-majors des compagnies, & fe contenteront du contrôle qui leur en fera donné à leur arrivée.

XXXVI.

*Diftribution des billets de logement.*

Les Gardes feront logés féparément, autant que faire fe pourra, & par brigade de proche en proche; la diftribution des billets de chaque brigade se fera après les avoir mêlés, & en les tirant au hasard.

XXXVII.

*Fourniture des hôtes.*

LES hôtes des Gardes leur fourniront une chambre à cheminée, un lit garni de deux matelas, d'une paillasse, de deux couvertures & d'une paire de draps qui sera renouvelée tous les quinze jours, une table, quelques chaises, un coffre & une armoire fermante à clef, & deux serviettes par semaine. Et afin d'ôter tout sujet de contestation sur le logement, ce ne sera qu'après que les hôtes auront choisi leurs chambres, que les Gardes pourront prendre dans la maison celle qui leur conviendra le mieux.

XXXVIII.

*Ordinaire des Gardes.*

L'INTENTION de Sa Majesté étant que ses Gardes s'accoûtument à vivre comme s'ils étoient à la guerre, les hôtes ne pourront s'opposer, sous quelque prétexte que ce soit, à ce que les Gardes fassent ordinaire chez eux, par chambrées composées de quatre Gardes chacune; auquel effet les hôtes desdits quatre Gardes fourniront chaque mois, pendant une semaine seulement, pour l'ordinaire de ladite chambrée, le feu pour cuire la viande & la soupe, huit serviettes, deux nappes, une marmite, & les plats, assiettes, cuilliers & fourchettes, siéges & autres ustensiles nécessaires pour la table.

XXXIX.

*Logement des Valets.*

IL sera aussi fourni dans les maisons occupées par les Gardes, des logemens pour leurs valets, autres que ceux qui pansent leurs chevaux, desquels valets les Gardes seront responsables. Il sera pareillement fourni des logemens aux palefreniers à proximité des écuries.

X L.

*Défense aux Gardes d'exiger que ce qui est prescrit.*

Au moyen de ce qui est porté par les articles précédens, les Gardes ne pourront exiger autre chose de leurs hôtes, non plus que de leurs domestiques, ni les obliger d'aller chercher des vivres : & il leur est enjoint d'avoir pour leurs hôtes tous les égards convenables.

X L I.

*Plaintes des hôtes contre les Gardes.*

Si les hôtes se plaignent que les Gardes rentrent à des heures indûes, le Commandant fixera auxdits Gardes l'heure, passé laquelle les hôtes ne seront plus tenus d'ouvrir leurs portes, & les Gardes seront punis de prison pour ne s'y être pas conformés. Il est enjoint au Commandant de faire aux hôtes bonne & prompte justice des justes plaintes qu'ils pourront lui porter.

X L I I.

*Changement de l'assiette des logemens.*

L'ASSIETTE des logemens subsistera pour un an, telle qu'elle aura été établie & réglée entre les Aides-majors, les Commissaires des compagnies & les Maire & Échevins; & pourra même être continuée pour les années suivantes, s'il ne s'y trouve aucun inconvénient. Le changement ne pourra s'en faire en aucun cas, que de concert entre l'Officier commandant & lesdits Aides-majors, Commissaires des compagnies, & Maire & Échevins; pourra néanmoins le Commandant, en cas de desordre, envoyer un Garde à la place d'un autre pour éviter les inconvéniens qui en pourroient arriver.

## *DISCIPLINE* ET *SUBORDINATION.*

X L I I I.

*Injonction de porter les uniformes.*

Les Officiers & Gardes, de résidence aux quartiers, seront tenus de porter leur uniforme, & si aucun s'en dispense, il sera mis aux arrêts: enjoint Sa Majesté à l'Officier commandant d'en donner lui-même l'exemple.

X L I V.

*Respect & obéissance envers les supérieurs.*

SA MAJESTÉ veut & ordonne que tous les Officiers & les Gardes rendent le respect & obéissance à leurs supérieurs en toutes choses, quoiqu'ils leur commandent, sauf à eux de se plaindre s'ils en ont sujet.

X L V.

*Punition pour le défaut de subordination.*

S'IL arrivoit qu'un Garde manquât d'obéissance ou de respect à un de ses Officiers, l'Officier commandant commencera par faire mettre le Garde en prison, & en donnera aussi-tôt avis à ses supérieurs.

X L V I.

*Ordre.*

LES Aides-majors, & en leur absence les Sous-aides-majors, iront tous les jours prendre l'ordre de l'Officier commandant, & le donneront aux Brigadiers & Sous-brigadiers pour être rendu aux Gardes.

X L V I I.

*Bandoulière.*

LE ROI n'entend & ne veut que la bandoulière puisse empêcher d'arrêter & de conduire en prison un Garde qui se trouveroit impliqué dans une affaire criminelle, & qui seroit surpris en flagrant-délit, ou dans un desordre & un tumulte qui arriveroit pendant la nuit; sauf à ceux qui auroient, dans lesdits cas, arrêté un Garde du Roi, d'en informer le lendemain l'Officier commandant, soit pour ôter au Garde sa bandoulière & le remettre à la Justice, soit pour retirer le Garde, & le faire punir conformément aux règles de la discipline militaire, suivant l'exigence des cas.

# POLICE.

## XLVIII.

*Table des Officiers.*

LES Chefs de brigade qui seront de résidence dans les quartiers, encore qu'ils aient le grade d'Officiers généraux, seront tenus de se conformer pour leur table à ce qui est prescrit par les articles XV, XVI & XVII de l'ordonnance du 3 juin 1758, pour la table des Colonels; en conséquence leur table ne pourra être au plus que de dix couverts, le nombre des plats de dix, & le dessert sera simple, sans glaces, crystaux & figures de porcelaine; Sa Majesté déclare ce même règlement commun aux Exempts: enjoint expressément aux Aides-majors & Sous-aides-majors, en cas de contravention, d'en informer les Capitaines de leur compagnie, le Capitaine de service auprès de Sa Personne, & le Major pour lui en rendre compte.

## XLIX.

*Inspection des Brigadiers & Sous-brigadiers sur la conduite des Gardes.*

LES Gardes vivront dans leurs quartiers dans la plus exacte discipline; Sa Majesté enjoint particulièrement aux Brigadiers & Sous-brigadiers, comme étant plus à portée de voir & de connoître les Gardes, de veiller à leur conduite, & de les maintenir sur le ton de régularité & de décence qui conviennent à leur naissance, état & profession : ils informeront le Commandant & l'Aide-major de tout ce qui pourroit y être contraire, & si aucuns d'eux sont suspectés de négligence à cet égard, ils ne seront point promûs à un grade supérieur, comme manquans de la fermeté nécessaire pour le commandement.

## L.

*Jeux.*

LES jeux de hasard sont défendus aux Officiers &

Gardes, ſous peine d'un mois de priſon pour la première fois, & d'être caſſés pour la ſeconde : ceux qui auront donné à jouer ces ſortes de jeux ſeront caſſés dès la première fois. Il eſt enjoint aux Officiers de tenir la main à ce que les Gardes ne jouent pas trop gros jeu, même aux jeux permis ; & il ſera rendu compte par les Aides-majors au Capitaine de leur compagnie & au Major, de ceux des Gardes qui ſeroient connus pour des joueurs d'habitude & de profeſſion, à l'effet de prendre les ordres de Sa Majeſté pour qu'ils aient à remettre leur bandoulière, & à quitter le Corps.

L I.

NE pourront les Officiers des Gardes, ni les Gardes, prétendre aucun droit de chaſſe, ni chaſſer dans les dépendances des quartiers, s'il n'eſt rendu une ordonnance pour fixer l'étendue & les bornes de la réſerve qui leur ſeroit accordée. *Chaſſe.*

L I I.

LES Gardes qui auront obtenu des congés, n'en pourront profiter pour reſter à Paris, à moins qu'ils n'aient d'ailleurs une permiſſion particulière & expreſſe à cet effet, laquelle permiſſion ne leur ſera accordée par leur Capitaine, qu'en pleine connoiſſance des cauſes & motifs qui y rendront leur ſéjour néceſſaire : tout Garde qui ſera trouvé à Paris ſans une pareille permiſſion, ſera caſſé. *Déſenſe aux Gardes de reſter à Paris ſans une permiſſion particulière.*

L I I I.

L'OFFICIER commandant n'ordonnera point les arrêts ou la priſon à un Garde, qu'il ne le faſſe ſavoir à l'Aide-major ou Sous-aide-major, qui en donnera avis ſur le champ à ſon Capitaine & au Major. *Garde mis aux arrêts ou en priſon.*

## LIV.

*Attention aux chevaux, armes & équipages.*

LES Brigadiers & Sous-brigadiers auront attention à ce que les chevaux des Gardes soient bien tenus, les équipages en bon ordre, & les armes bien entretenues: ils veilleront à la conduite des palefreniers, & ils informeront les Aides-majors ou Sous-aides-majors, de tout ce qui pourroit être contraire au bien du service.

## LV.

*Défense de faire sortir les chevaux des quartiers.*

LES chevaux des Gardes ne pourront sortir des quartiers, sous quelque prétexte que ce soit, & il ne sera permis d'en tirer aucun que par ordre du Capitaine, à l'exception de ceux qui auront été marqués aux revûes de Sa Majesté pour être remplacés, ou qui se trouveroient dans le cas de l'être.

## LVI.

*Compte à rendre par les Aides-majors à l'Officier commandant dans les quartiers.*

LES Aides-majors, & en leur absence les Sous-aides-majors, informeront tous les jours l'Officier commandant dans les quartiers, de tout ce qui parviendra à leur connoissance, concernant le service & la conduite des Gardes.

## LVII.

*Compte à rendre par les Aides-majors à leur Capitaine & au Major.*

IL est expressément enjoint aux Aides-majors de rendre compte à leur Capitaine & au Major, de tous les Gardes qui auront contrevenu aux articles de la présente ordonnance, & généralement de tous ceux dont la vie & les mœurs ne seront pas réglés, ainsi que de ceux qui manqueront d'exactitude & de régularité dans le service, à l'effet de prendre les ordres de Sa Majesté, pour casser ceux qui seront réputés indignes d'être dans ses Gardes; & le Major sera tenu de marquer sur le registre de réception des Gardes, les motifs & les causes de leur cassation.

## L V I I I.

Compte à rendre par les Chefs de brigade au retour des quartiers.

Les Chefs de brigade, à la fin de leur résidence, viendront rendre compte à Sa Majesté, de l'état des compagnies, aussi-bien qu'à leur Capitaine.

## *ÉTABLISSEMENT D'UN CORPS-DE-GARDE, ET PATROUILLES.*

## L I X.

Établissement d'une garde, & sa formation.

Il sera établi dans chaque quartier une garde composée au moins de sept Gardes, y compris celui qui la commandera, & de plus, si l'Officier commandant le juge à propos, la moitié de ladite garde tirée de la tête, l'autre de la queue; cette garde sera commandée par un Garde de la manche, un Porte-étendard ou un ancien Garde dans la compagnie Écossoise, & dans les autres compagnies par un Porte-étendard ou un ancien Garde.

Ladite garde sera placée sur la place principale ou autre lieu qui sera jugé convenable, & pour cet effet les Magistrats seront tenus de fournir un logement commode, avec le bois & la lumière, conformément aux règlemens de Sa Majesté.

## L X.

Relevée de la garde.

La garde sera relevée toutes les vingt-quatre heures, à l'heure qui aura été fixée par le Commandant de la compagnie, les Gardes s'y rendront avec leur mousqueton, le Commandant de l'ancienne garde donnera la consigne au Commandant de celle qui le relevera: Il y aura toûjours un Brigadier ou Sous-brigadier présent à la garde montante & à l'inspection des armes qui sera faite par le Commandant de ladite garde.

## L X I.

*Consignes.*

Les consignes générales seront affichées dans le corps-de-garde, afin que les Gardes soient instruits de ce qu'ils auront à faire, & si quelqu'un déchire les consignes ou les efface, il sera puni, pour la première fois, d'un mois de prison, & de plus grièves peine en cas de récidive.

## L X I I.

*Tour de garde.*

Les Gardes-du-Corps ne pourront changer entre eux leurs tours de garde, qu'avec la permission ou par l'ordre du Commandant de la compagnie.

## L X I I I.

*Assiduité au corps-de-garde.*

Les Gardes partageront entre eux le temps de la garde, en sorte qu'il y en ait toûjours un en sentinelle portant les armes, soit de jour ou de nuit; & lorsque le partage ne pourra s'en faire exactement, le sort en décidera, ils seront obligés de coucher au corps-de-garde & d'y faire leur repas, sans pouvoir s'en absenter que par ordre.

## L X I V.

*Cas de desordre.*

S'il survient du bruit dans la ville, auquel un Garde du Roi auroit part, ou que le Commandant de la garde soit informé qu'il y ait des Gardes qui tiennent jeu à des heures indûes, il enverra deux, trois ou quatre Gardes, pour arrêter les Gardes dans lesdits cas, & les faire conduire & détenir dans le corps-de-garde, jusqu'à ce qu'il en ait été rendu compte à l'Officier commandant & à l'Aide-major, & en son absence au Sous-aide-major.

## L X V.

*Visite des corps-de-gardes, & réparation des dégradations.*

Le Commandant de la garde montante visitera avec celui de la garde descendante, le corps-de-garde, pour voir s'il y aura été commis quelque dégradation, auquel cas il en sera rendu compte à l'Officier commandant & à l'Aide-major; lesdites dégradations seront réparées aux dépens des Gardes qui les auront faites, ou à défaut de connoissance du délinquant, aux dépens des Gardes de la garde relevée; la même visite se fera en la présence d'un Échevin, toutes les fois que la compagnie sortira du quartier, devant être tenue de rendre le corps-de-garde au même état qu'elle l'aura reçû, ou de payer les dégradations qui y auront été faites.

LXVI.

*Compte à rendre par le Commandant de la garde descendante.*

LE Commandant de la garde descendante rendra compte à l'Officier commandant & à l'Aide-major, ou en son absence au Sous-aide-major, de tout ce qui se sera passé durant les vingt-quatre heures de sa garde.

LXVII.

*Visite des Aides-majors, & punition des Gardes absens.*

LES Aides-majors ou Sous-aides-majors visiteront, de temps à autre, le corps-de-garde, pour voir si tous les Gardes y sont exacts; ils rendront compte à l'Officier commandant, de ceux qu'ils auront trouvé absens; & s'ils le font sans ordre, ils seront punis de prison pendant un mois pour la première fois, & de plus grièves peines en cas de récidive.

LXVIII.

IL sera fait des patrouilles dans les quartiers, suivant les ordres particuliers qui en seront donnés par l'Officier commandant.

## *EXERCICES, REVUES, ASSEMBLÉES.*

LXIX.

*Exercice.*

L'OFFICIER commandant fera monter les Gardes à

cheval, au moins deux fois la ſemaine, même pendant l'hiver, & les aſſemblera au moins une fois à pied pareillement toutes les ſemaines, pour les former aux exercices & évolutions militaires, conformément aux ordonnances du Roi rendues pour ſes autres troupes. L'exercice ſera commandé par les Aides-majors, & à leur défaut, par les Sous-aides-majors. Veut néanmoins Sa Majeſté que de temps à autre, après que les Aides & Sous-aides-majors auront commandé l'exercice, l'Officier commandant le faſſe recommencer, en nommant ſur le champ tel Officier qu'il jugera à propos, même quelquefois un des Gardes pour le commander en ſa préſence.

## L X X.

*Revûes par les Commiſſaires.*

LES Commiſſaires feront leurs revûes dans les quartiers, une fois tous les trois mois, dans les mois de janvier, avril, juillet & octobre. Ils ne paſſeront que les préſens effectifs, & feront un état des abſens par congé, conformément aux certificats qui leur en feront délivrés par les Aides-majors des compagnies, ſignés d'eux, & ils enverront des extraits deſdites revûes, tant au Secrétaire d'État de la guerre qu'au Capitaine de leur compagnie, envers lequel ils demeureront reſponſables de tout ce qu'ils feront dans l'exercice de leurs charges.

## L X X I.

*Revûes par les Aides-majors.*

INDÉPENDAMMENT de la revûe faite par les Commiſſaires de chaque compagnie, tous les trois mois, il en ſera pareillement fait une particulière par les Aides-majors de chaque compagnie. Ils auront une attention particulière que les chevaux & les équipages ſoient en bon état. Ils obligeront les Gardes à avoir ſoin de leurs armes, ſous peine de les remplacer, s'ils les gâtent ou s'ils les perdent. Ils auront pareillement ſoin que les Gardes qui ſeront commandés pour la garde des écuries, y faſſent leur devoir. Enfin, ils dreſſeront tous les trois mois un état exact des chevaux qui manqueront dans chaque brigade, & ils en remettront l'état au Capitaine de leur compagnie, & au Major.

LXXII.

*Aſſemblée des compagnies.*

ON aſſemblera tous les Officiers & Gardes dans leurs quartiers, un mois avant les revûes de Sa Majeſté, pour les accoûtumer à vivre enſemble & obſerver la diſcipline militaire, & les Gardes qui ne s'y rendront point, ſuivant l'ordre qui leur en aura été donné, ſeront caſſés & perdront leurs appointemens du temps de leur abſence, s'ils n'en ont été empêchés par des raiſons indiſpenſables qu'ils ſeront tenus de juſtifier par des certificats des Intendans, Commandans ou principaux Magiſtrats des lieux.

## HONNEURS.

LXXIII.

*Honneurs à rendre au St-Sacrement par les Gardes à pied.*

LORSQUE le Saint-Sacrement paſſera à la vûe d'une garde, d'un poſte ou d'un détachement à pied, les Gardes prendront les armes, ou s'ils ſont en marche, feront halte en ordre de bataille, & mettront un genou en terre, préſentant les armes & ayant leur chapeau ſur la garde de l'épée.

LXXIV.

*Honneurs à rendre au St-Sacrement par les Gardes étant à cheval.*

LE Saint-Sacrement paſſant devant une compagnie ou un détachement des Gardes étant à cheval, ils feront halte & ſe rangeront en bataille, les Officiers & les Gardes auront le chapeau ſous le bras gauche & l'épée à la main, les Porte-étendards ſalueront avec leurs étendards, & les Officiers de l'épée, les timbales battront & les trompettes ſonneront la marche.

## L X X V.

*Proceſſion du S.t-Sacrement.*

LES compagnies prendront les armes & monteront à cheval pour ſe trouver en bataille ſur le paſſage des proceſſions du Saint-Sacrement, dans les lieux qui ſeront jugés les plus commodes: Si cependant le Clergé deſiroit que le Saint-Sacrement fût accompagné par un détachement à pied, le Commandant du quartier commandera en ce cas vingt Gardes, avec un Brigadier & un Sous-brigadier, qui marcheront ſur deux files des deux côtés du dais.

## L X X V I.

*Honneurs funèbres des Chefs de brigades, Exempts, Brigadiers, Sous-brigadiers & Gardes.*

POUR le convoi d'un Lieutenant ou Enſeigne, il y aura cent Gardes avec les timbales & trompettes, commandés par un Chef de brigade & deux Exempts, avec deux Brigadiers & Sous-brigadiers.

Pour un Exempt, cinquante Gardes avec quatre Trompettes, commandés par un Exempt, un Brigadier & Sous-brigadier.

Pour un Brigadier ou Sous-brigadier, trente-ſix Gardes & deux Trompettes, commandés par un Brigadier ou un Sous-brigadier.

Pour un Garde, vingt-quatre Gardes & un Trompette, commandés par un Brigadier & un Sous-brigadier.

## L X X V I I.

*Officiers qui porteront le poële.*

LES Officiers qui devront porter les quatre coins du poële, ſeront, autant qu'il ſera poſſible, de même grade que celui à qui l'on rend les honneurs funèbres.

## LXXVIII.

*Uniformes, port des armes, & décharges aux enterremens.*

TOUS les Officiers & Gardes qui seront commandés pour aller à un enterrement, seront en grand uniforme, les Gardes porteront leurs armes traînantes, & après l'enterrement ils feront trois décharges de leurs armes, la dernière en défilant devant la porte de l'Église.

## LXXIX.

*Timbaliers & Trompettes aux enterremens.*

LE Timbalier & les Trompettes auront des crêpes à leurs chapeaux; les timbales seront couvertes de serge noire, & il sera mis des sourdines & des crêpes aux trompettes.

## LXXX.

*Changemens sur les commissions de Capitaines.*

ON ne donnera plus à l'avenir aux Gardes du Roi, les commissions de Capitaine de Cavalerie qui leur étoient accordées à quinze ans de service: mais à dater de cette époque de quinze ans d'ancienneté dans le Corps; leurs services commenceront de leur être comptés, comme s'ils avoient ladite commission, pour leur servir non seulement à acquérir la noblesse militaire aux termes de l'édit de création, mais encore pour toutes les prérogatives dont ils peuvent être susceptibles, comme d'être reçûs à l'Hôtel royal des Invalides en ladite qualité, & à obtenir des lettres de vétérance après vingt-cinq ans de service accomplis, savoir dix ans après l'époque ci-dessus de service dans le Corps; voulant cependant Sa Majesté que les Brigadiers & Sous-brigadiers aient toûjours à l'avenir ladite commission de Capitaine de Cavalerie, qui leur sera expédiée du jour de leur promotion à ce grade: Sa Majesté déclare qu'Elle en usera de même à l'égard des Gendarmes de sa Garde, des Chevaux-légers & des Mousquetaires des deux compagnies de sa

Maison, pour lesquels Elle rendra une ordonnance particulière à ce sujet, se réservant aussi de ne plus donner des brevets de Lieutenant de Cavalerie comme ci-devant, au terme de quinze ans de service, aux Gendarmes de sa Gendarmerie, sans vouloir néanmoins qu'ils cessent de jouir des avantages qui pourroient en résulter.

ENJOINT Sa Majesté aux Capitaines de ses Gardes, au Major & aux Aides-majors, & autres Officiers de ses Gardes, de tenir la main à ce que les articles de la présente ordonnance, soient exactement & ponctuellement exécutés; qu'en cas de contravention, il lui en soit rendu compte, au défaut de quoi les Officiers demeureront, chacun en droit soi, responsables desdites contraventions, de même que s'ils en étoient les auteurs: Dérogeant Sa Majesté à toutes décisions, règlemens & ordonnances à ce contraires, se proposant d'ailleurs de suppléer par une nouvelle ordonnance à ce qui n'est pas compris dans la présente. FAIT à Versailles le vingt-huit décembre mil sept cent cinquante-huit. *Signé* LOUIS. *Et plus bas,* LE M.AL DUC DE BELLE-ISLE.

A PARIS, DE L'IMPRIMERIE ROYALE. 1759.

# ORDONNANCE DU ROI,

## *Concernant les Troupes légères.*

Du 1.er Mars 1763.

## *DE PAR LE ROI.*

SA MAJESTÉ voulant faire connoître ſes intentions ſur le corps de Troupes légères qu'Elle veut conſerver dans tous les temps, & leur donner une conſtitution également ſolide & invariable, a ordonné & ordonne ce qui ſuit :

ARTICLE PREMIER.

INDÉPENDAMMENT des régimens des Volontaires de Clermont & de Soubiſe, Sa Majeſté conſervera ſur pied quatre légions de Troupes légères.

II.

LE régiment des Volontaires étrangers de Wurmſer, & la compagnie de Chaſſeurs de Poncet, ſeront ſupprimés & licenciés.

III.

La légion Royale sera la première des quatre que Sa Majesté entretiendra, & elle conservera son nom.

La seconde sera composée du régiment des Volontaires de Flandre & de celui des Volontaires du Dauphiné, qui seront incorporés ensemble; cette légion sera sous la dénomination de *légion de Flandre*, & commandée par le sieur Chevalier de Jaucourt.

La troisième légion sera composée du régiment des Volontaires du Haynault & de celui des Volontaires d'Austrasie, qui seront incorporés ensemble; cette légion sera sous la dénomination de *légion du Haynault*, & commandée par le sieur de Grandmaison.

Le régiment de Dragons Chasseurs de Conflans cessera d'être sous ce titre, sera à l'avenir sous la dénomination de *légion de Conflans*, & formera la quatrième légion.

Voulant Sa Majesté que lesdites légions ou régimens continuent de marcher entr'eux suivant le rang dont ils jouissent actuellement.

IV.

CHACUNE desdites quatre légions sera composée, en tout temps, de dix-sept compagnies, dont une de Grenadiers, huit de Fusiliers & huit de Dragons.

V.

CHACUN des régimens des Volontaires de Clermont & de Soubise, sera composé, en tout temps, de neuf compagnies, dont une de Grenadiers, quatre de Fusiliers & quatre de Dragons.

VI.

LE grade d'Anspessade sera supprimé dans toutes les compagnies d'Infanterie, & il sera créé, pour en tenir lieu, des places d'Appointés, comme dans toutes les compagnies des régimens d'Infanterie françoise.

VII.

Il sera créé une place de Sous-lieutenant dans toutes les compagnies de Dragons desdits corps, & le titre de Cornette sera supprimé.

VIII.

La place de Maréchal-des-logis de chaque compagnie de Dragons, telle qu'elle est aujourd'hui, sera supprimée; & il sera créé dans chacune desdites compagnies, une place de Maréchal-des-logis, lequel y remplira les mêmes fonctions que les Sergens dans les compagnies d'Infanterie.

Voulant Sa Majesté que lesdits Maréchaux-des-logis soient les premiers Bas-officiers de la compagnie, & qu'ils soient assujétis aux mêmes loix & aux mêmes peines, en cas de désertion, que les autres Bas-officiers.

IX.

Chaque compagnie de Grenadiers sera commandée, en tout temps, par un Capitaine, un Lieutenant & un Sous-lieutenant; & composée, en temps de paix, d'un Sergent, d'un Fourrier, deux Caporaux, deux Appointés, vingt-deux Grenadiers & d'un Tambour.

Les deux Caporaux, les deux Appointés & les vingt-deux Grenadiers formeront deux escouades de treize hommes chacune, y compris un Caporal & un Appointé; ces deux escouades seront commandées par le Sergent, qui rendra tous les jours compte des détails qui le concerneront, au Sous-lieutenant, qui en répondra au Lieutenant, le Lieutenant au Capitaine, le Capitaine au Major, & ce dernier au Colonel, & en son absence au Lieutenant-colonel.

X.

Chaque compagnie de Grenadiers sera composée, en temps de guerre, de deux Sergens, d'un Fourrier, quatre Caporaux, quatre Appointés, quarante Grenadiers

& d'un Tambour, pour former quatre eſcouades de douze hommes chacune, en ſuivant les mêmes diviſion & ſubordination que dans les régimens de l'Infanterie françoiſe.

X I.

L'INTENTION de Sa Majeſté eſt que les Grenadiers qui viendront à manquer, ſoient remplacés ſur le champ par les compagnies de Fuſiliers, chacune à leur tour.

X I I.

CHAQUE compagnie de Fuſiliers ſera commandée, en tout temps, par un Capitaine, un Lieutenant & un Sous-lieutenant, & compoſée, en temps de paix, d'un Sergent, un Fourrier, deux Caporaux, deux Appointés, dix Fuſiliers & d'un Tambour.

Les deux Caporaux, les deux Appointés & les dix Fuſiliers formeront deux eſcouades de ſept hommes chacune, y compris un Caporal & un Appointé; ces deux eſcouades ſeront commandées par le Sergent, qui en rendra compte au Sous-lieutenant, le Sous-lieutenant au Lieutenant, le Lieutenant au Capitaine, le Capitaine au Major, & celui-ci au Colonel, & en ſon abſence au Lieutenant-colonel.

X I I I.

CHACUNE deſdites compagnies de Fuſiliers, ſera compoſée, en temps de guerre, de quatre Sergens, d'un Fourrier, huit Caporaux, huit Appointés & deux Tambours, pour former huit eſcouades, chacune du nombre d'hommes que Sa Majeſté ſe réſerve de fixer ſuivant les circonſtances.

X I V.

CHAQUE compagnie de Dragons, ſera commandée en tout temps par un Capitaine, un Lieutenant & un Sous-lieutenant; & compoſée, en temps de paix, d'un Maréchal-des-logis, d'un Fourrier, deux Brigadiers, vingt-quatre Dragons & un Tambour, formant vingt-neuf hommes, dont quinze, y compris le Maréchal-des-logis, le Fourrier, les Brigadiers & le Tambour, feront montés, & quatorze feront à pied.

Les deux Brigadiers & les vingt-quatre Dragons formeront deux efcouades de treize hommes chacune, y compris un Brigadier, dont fix montés & fept à pied; ces deux efcouades feront commandées par le Maréchal-des-logis, qui rendra tous les jours compte des détails qui les concerneront au Sous-lieutenant, le Sous-lieutenant au Lieutenant, & fucceffivement ainfi qu'il a été prefcrit pour les compagnies de Grenadiers & celles de Fufiliers.

## X V.

CHAQUE compagnie de Dragons fera compofée, en temps de guerre, de quatre Maréchaux-des-logis, d'un Fourrier, huit Brigadiers & d'un Tambour, pour former huit efcouades, chacune du nombre d'hommes & de chevaux que Sa Majefté fe réferve de fixer fuivant les circonftances.

## X V I.

L'ÉTAT-MAJOR de chacune des quatre légions, fera compofé, en temps de paix, d'un Colonel, d'un Colonel-commandant, d'un Lieutenant-colonel, qui n'auront point de compagnie, d'un Major, d'un Aide-major d'Infanterie & d'un Aide-major de Dragons.

## X V I I.

L'ÉTAT-MAJOR du régiment des Volontaires de Clermont, fera compofé d'un Colonel-lieutenant, d'un Lieutenant-colonel, qui n'auront point de compagnie, d'un Major, d'un Aide-major d'Infanterie & d'un Aide-major de Dragons.

## X V I I I.

L'ÉTAT-MAJOR du régiment des Volontaires de Soubife, fera compofé d'un Colonel, d'un Colonel en fecond, d'un Lieutenant-colonel, qui n'auront point de compagnie, d'un Major, d'un Aide-major d'Infanterie & d'un Aide-major de Dragons.

X I X.

VEUT à cet effet Sa Majeſté que les Officiers de l'État-major des régimens des Volontaires du Dauphiné & d'Auſtraſie, les Colonels-commandans en ſecond deſdits deux régimens, les Commandans de bataillons, les Aumôniers, les Chirurgiens & les deux Prevôts qui ſont à la ſuite des Dragons Chaſſeurs de Conflans & de la légion Royale, ſoient réformés.

X X.

IL ſera créé dans l'État-major de chacune des quatre légions & des régimens des Volontaires de Clermont & de Soubiſe, en temps de guerre ſeulement, un Sous-aide-major d'Infanterie, un Sous-aide-major de Dragons, un Quartier-maître, un Tréſorier, un Aumônier & un Chirurgien.

X X I.

LES corps de Troupes légères ne ſervant point en lignes, n'auront ni drapeau, ni guidon, ni timbales.

X X I I.

SA MAJESTÉ ſe réſerve, comme dans toutes ſes autres Troupes, la nomination des charges de Lieutenans-colonels & de Majors des légions & régimens de Volontaires, & Elle choiſira à l'avenir les ſujets qui devront remplir ces places, parmi les Lieutenans-colonels, Majors ou Capitaines de tous les corps de Troupes légères indiſtinctement, ſoit en pied, ſoit réformés, qu'Elle jugera devoir mériter cet avancement.

X X I I I.

LA charge de Major ſera à l'avenir, dans tous les corps de Troupes légères, un grade ſupérieur à celui de Capitaine; ledit Major commandera le régiment en

l'absence du Colonel & du Lieutenant-colonel, 
présence, sous leur autorité : le Major passera 
de Major à celui de Lieutenant-colonel ou de 
pour devenir Officier général.

XXIV.

Le Major sera seul chargé d'ordonner, sous 
du Colonel & du Lieutenant-colonel, les me 
rations dont il confiera le soin dans chaque c 
Aides-major, qui seront tenus de lui en rendr

XXV.

Pendant la paix, un des deux Aides- 
choix des Colonels, sera chargé de la caisse 
& sera assujéti à toutes les règles que Sa Maje 
crites à cet égard pour les régimens de son 
françoise, par les articles XXXII, XXXIII 
& XXXV de l'ordonnance du 10 décembr

XXVI.

Le choix des Bas-officiers se fera à l'avenir 
manière que Sa Majesté l'a réglé par ses o 
pour l'Infanterie & les Dragons.

XXVII.

Le terme des engagemens sera fixé à hui 
Sa Majesté accordera les mêmes récompenses 
& aux Dragons qui, après un second ou 
engagement, auront servi seize ou vingt- 
qu'Elle a réglé pour les Troupes d'Infant 
les Dragons par les mêmes ordonnances.

XXVIII.

Il sera donné aux différens corps de Tro 
une paye de paix & une paye de guerre, ai 
les autres Troupes; & en conséquence, ve 
que les appointemens & solde soient pa 
corps de Troupes légères indistinctemen 
par jour;

*Compagnies*

A chaque C 
onze sols un 
temps de paix 
sols huit der 
guerre, ci . .

A chaque L 
dix sols en pai 
sols huit deniers

A chaque S 
livre treize sol 
paix, & deux liv

A chaque S 
quatre deniers 
sols huit denier

A chaque F 
paix, & dix sols 
temps de guerr

A chaque C 
huit deniers en 
en guerre . . . .

A chaque A 
huit deniers en 
en guerre . . . .

A chaque Gr 
bour, six sols hu 
& sept sols en g

*Compagnies*

A chaque Ca 
trois sols quatre 
& six livres treize 
en guerre. . . . .

A chaque Lie 
treize sols quatre 
& deux livres qui 
deux tiers en gue

A chaque Sou 
livre dix sols en 
livres quatre sols 
tiers en guerre. . .

A chaque Ser 
quatre deniers en 
huit deniers en gu

A chaque Fou 
en paix, & neuf s 
en guerre . . . . .

l'abſence du Colonel & du Lieutenant-colonel, & en leur préſence, ſous leur autorité: le Major paſſera du grade de Major à celui de Lieutenant-colonel ou de Colonel, pour devenir Officier général.

X X I V.

LE Major ſera ſeul chargé d'ordonner, ſous l'autorité du Colonel & du Lieutenant-colonel, les menues réparations dont il confiera le ſoin dans chaque corps, aux Aides-major, qui ſeront tenus de lui en rendre compte.

X X V.

PENDANT la paix, un des deux Aides-major, au choix des Colonels, ſera chargé de la caiſſe du corps, & ſera aſſujéti à toutes les règles que Sa Majeſté a preſcrites à cet égard pour les régimens de ſon Infanterie françoiſe, par les articles XXXII, XXXIII, XXXIV & XXXV de l'ordonnance du 10 décembre 1762.

X X V I.

LE choix des Bas-officiers ſe fera à l'avenir de la même manière que Sa Majeſté l'a réglé par ſes ordonnances pour l'Infanterie & les Dragons.

X X V I I.

LE terme des engagemens ſera fixé à huit années, & Sa Majeſté accordera les mêmes récompenſes aux Soldats & aux Dragons qui, après un ſecond ou un troiſième engagement, auront ſervi ſeize ou vingt-quatre ans, qu'Elle a réglé pour les Troupes d'Infanterie & pour les Dragons par les mêmes ordonnances.

X X V I I I.

IL ſera donné aux différens corps de Troupes légères, une paye de paix & une paye de guerre, ainſi qu'à toutes les autres Troupes; & en conſéquence, veut Sa Majeſté que les appointemens & ſolde ſoient payés à tous les corps de Troupes légères indiſtinctement, ſur le pied par jour;

SAVOIR,

| ... de Grenadiers. | EN TEMPS DE PAIX. Par jour. | Par mois. | Par an. | EN TEMPS DE GUERRE. Par jour. | Par mois. | Par an. |
|---|---|---|---|---|---|---|
| ...apitaine, cinq livres ... denier un tiers en ..., & huit livres six ...iers en temps de ............ | 5l 11f 1⅓d | 166l 13f 4d | 2000l | 8l 6f 8d | 250l 〃f 〃d | 3000l |
| ...ieutenant, deux liv. ..., & trois livres six ...en temps de guerre | 2. 10. 〃 | 75. 〃 〃 | 900. | 3. 6. 8 | 100. 〃 〃 | 1200. |
| ...ous-lieutenant, une ... quatre deniers en ... dix sols en guerre. | 1. 13. 4 | 50. 〃 〃 | 600. | 2. 10. 〃 | 75. 〃 〃 | 900. |
| ...ergent, douze sols ... en paix, & douze ...s en guerre .... | 〃 12. 4 | 18. 10. 〃 | 222. | 〃 12. 8 | 19. 〃 〃 | 228. |
| ...ourrier, dix sols en ... quatre deniers en ...e ........... | 〃 10. 〃 | 15. 〃 〃 | 180. | 〃 10. 4 | 15. 10. 〃 | 186. |
| ...aporal, huit sols ... paix, & neuf sols ............ | 〃 8. 8 | 13. 〃 〃 | 156. | 〃 9. 〃 | 13. 10. 〃 | 162. |
| ...ppointé, sept sols ... paix, & huit sols ........... | 〃 7. 8 | 11. 10. 〃 | 138. | 〃 8. 〃 | 12. 〃 〃 | 144. |
| ...nadier & au Tam... ...it deniers en paix, ...uerre ........ | 〃 6. 8 | 10. 〃 〃 | 120. | 〃 7. 〃 | 10. 10. 〃 | 126. |
| ... de Fusiliers. | | | | | | |
| ...itaine, quatre liv. ... deniers en paix, ... sols quatre den. ........... | 4. 3. 4 | 125. 〃 〃 | 1500. | 6. 13. 4 | 200. 〃 〃 | 2400. |
| ...tenant, une livre ... deniers en paix, ...nze sols six den. ...rre......... | 1. 13. 4 | 50. 〃 〃 | 600. | 2. 15. 6⅔ | 83. 6. 8 | 1000. |
| ...-lieutenant, une ... paix, & deux ... cinq deniers un .......... | 1. 10. 〃 | 45. 〃 〃 | 540. | 2. 4. 5⅓ | 66. 13. 4 | 800. |
| ...gent, onze sols ...aix, & onze sols ...erre........ | 〃 11. 4 | 17. 〃 〃 | 204. | 〃 11. 8 | 17. 10. 〃 | 210. |
| ...rier, neuf sols ...ols quatre den. .......... | 〃 9. 〃 | 13. 10. 〃 | 162. | 〃 9. 4 | 14. 〃 〃 | 168. |

| | EN TEMPS DE PAIX. | | |
|---|---|---|---|
| | Par jour. | Par mois. | Par an. |
| A chaque Caporal, ſept ſols huit deniers en paix, & huit ſols en guerre. . . . . . . . . . . . . . . | ″$^l$ 7$^s$ 8$^d$ | 11$^l$ 10$^s$ ″$^d$ | 138$^l$ |
| A chaque Appointé, ſix ſols huit deniers en paix, & ſept ſols en guerre. . . . . . . . . . . . . . . | ″ 6. 8 | 10. ″ ″ | 120. |
| A chaque Fuſilier & Tambour, cinq ſols huit deniers en paix, & ſix ſols en guerre. . . . . . . . . . | ″ 5. 8 | 8. 10. ″ | 102. |

*Compagnies de Dragons.*

| | Par jour. | Par mois. | Par an. |
|---|---|---|---|
| A chaque Capitaine, cinq livres en paix, & dix livres en guerre. . . | 5. ″ ″ | 150. ″ ″ | 1800. |
| A chaque Lieutenant, deux livres quatre ſols cinq den. un tiers en paix, & deux livres quinze ſols ſix deniers deux tiers en guerre. . . | 2. 4. 5 $\frac{1}{3}$ | 66. 13. 4 | 800. |
| A chaque Sous-lieutenant, une livre ſept ſols neuf deniers un tiers en paix, & deux livres quatre ſols cinq deniers un tiers en guerre. . . | 1. 7. 9 $\frac{1}{3}$ | 41. 13. 4 | 500. |
| A chaque Maréchal-des-logis, douze ſols en paix, & quatorze ſols en guerre. . . . . . . . . . . . | ″ 12. ″ | 18. ″ ″ | 216. |
| A chaque Fourrier, dix ſols ſix deniers en paix, & douze ſols ſix deniers en guerre. . . . . . . . . . | ″ 10. 6 | 15. 15. ″ | 189. |
| A chaque Brigadier, ſept ſols ſix deniers en paix, & neuf ſols ſix deniers en guerre. . . . . . . . | ″ 7. 6 | 11. 5. ″ | 135. |
| A chaque Dragon ou Tambour, ſix ſols ſix deniers en paix, & huit ſols ſix deniers en guerre. . | ″ 6. 6 | 9. 15. ″ | 117. |

*ÉTAT-MAJOR.*

| | Par jour. | Par mois. | Par an. |
|---|---|---|---|
| Au Colonel de chaque légion & au Colonel-lieutenant du régiment des Volontaires de Clermont, douze liv. dix ſols en paix, & ſeize livres treize ſols quatre deniers en guerre. . . . . . . . . | 12. 10. ″ | 375. ″ ″ | 4500. |
| Au Colonel du régiment des Volontaires de Soubiſe, ſix livres treize ſols quatre deniers en tout temps. . . . . . . . . . . . . . . . . . . | 6. 13. 4 | 200. ″ ″ | 2400. |
| Au Colonel en ſecond dudit régiment, cinq liv. ſeize ſols huit den. en paix, & dix livres en guerre. . | 5. 16. 8 | 175. ″ ″ | 2100. |

# *SAVOIR,*

| *Compagnies de Grenadiers.* | EN TEMPS DE PAIX. | | | EN TEMPS DE GUERRE. | | |
|---|---|---|---|---|---|---|
| | Par jour. | Par mois. | Par an. | Par jour. | Par mois. | Par an. |
| A chaque Capitaine, cinq livres onze ſols un denier un tiers en temps de paix, & huit livres ſix ſols huit deniers en temps de guerre, ci . . . . . . . . . . . . . . | $5^{l}\ 11^{f}\ 1^{d}\frac{1}{3}$ | $166^{l}\ 13^{f}\ 4^{d}$ | $2000^{l}$ | $8^{l}\ 6^{f}\ 8^{d}$ | $250^{l}$ // $^{f}$ // $^{d}$ | $3000^{l}$ |
| A chaque Lieutenant, deux liv. dix ſols en paix, & trois livres ſix ſols huit deniers en temps de guerre | 2. 10. // | 75. // // | 900. | 3. 6. 8 | 100. // // | 1200. |
| A chaque Sous-lieutenant, une livre treize ſols quatre deniers en paix, & deux liv. dix ſols en guerre. | 1. 13. 4 | 50. // // | 600. | 2. 10. // | 75. // // | 900. |
| A chaque Sergent, douze ſols quatre deniers en paix, & douze ſols huit deniers en guerre . . . . | // 12. 4 | 18. 10. // | 222. | // 12. 8 | 19. // // | 228. |
| A chaque Fourrier, dix ſols en paix, & dix ſols quatre deniers en temps de guerre . . . . . . . . . . | // 10. // | 15. // // | 180. | // 10. 4 | 15. 10. // | 186. |
| A chaque Caporal, huit ſols huit deniers en paix, & neuf ſols en guerre . . . . . . . . . . . . . . | // 8. 8 | 13. // // | 156. | // 9. // | 13. 10. // | 162. |
| A chaque Appointé, ſept ſols huit deniers en paix, & huit ſols en guerre . . . . . . . . . . . . . . | // 7. 8 | 11. 10. // | 138. | // 8. // | 12. // // | 144. |
| A chaque Grenadier & au Tambour, ſix ſols huit deniers en paix, & ſept ſols en guerre . . . . . . . . | // 6. 8 | 10. // // | 120. | // 7. // | 10. 10. // | 126. |
| *Compagnies de Fuſiliers.* | | | | | | |
| A chaque Capitaine, quatre liv. trois ſols quatre deniers en paix, & ſix livres treize ſols quatre den. en guerre. . . . . . . . . . . . . . . | 4. 3. 4 | 125. // // | 1500. | 6. 13. 4 | 200. // // | 2400. |
| A chaque Lieutenant, une livre treize ſols quatre deniers en paix, & deux livres quinze ſols ſix den. deux tiers en guerre. . . . . . . . . | 1. 13. 4 | 50. // // | 600. | 2. 15. 6 $\frac{2}{3}$ | 83. 6. 8 | 1000. |
| A chaque Sous-lieutenant, une livre dix ſols en paix, & deux livres quatre ſols cinq deniers un tiers en guerre. . . . . . . . . . . . | 1. 10. // | 45. // // | 540. | 2. 4. 5 $\frac{1}{3}$ | 66. 13. 4 | 800. |
| A chaque Sergent, onze ſols quatre deniers en paix, & onze ſols huit deniers en guerre. . . . . . . . | // 11. 4 | 17. // // | 204. | // 11. 8 | 17. 10. // | 210. |
| A chaque Fourrier, neuf ſols en paix, & neuf ſols quatre den. en guerre . . . . . . . . . . . . . . | // 9. // | 13. 10. // | 162. | // 9. 4 | 14. // // | 168. |

| | EN TEMPS DE PAIX. | | | EN TEMPS DE GUERRE. | | |
|---|---|---|---|---|---|---|
| | Par jour. | Par mois. | Par an. | Par jour. | Par mois. | Par an. |
| A chaque Caporal, ſept ſols huit deniers en paix, & huit ſols en guerre............... | ″l 7s 8d | 11l 10s ″d | 138l | ″l 8s ″d | 12l ″s ″d | 144l |
| A chaque Appointé, ſix ſols huit deniers en paix, & ſept ſols en guerre............... | ″ 6. 8 | 10. ″ ″ | 120. | ″ 7. ″ | 10. 10. ″ | 126. |
| A chaque Fuſilier & Tambour, cinq ſols huit deniers en paix, & ſix ſols en guerre.......... | ″ 5. 8 | 8. 10. ″ | 102. | ″ 6. ″ | 9. ″ ″ | 108. |
| *Compagnies de Dragons.* | | | | | | |
| A chaque Capitaine, cinq livres en paix, & dix livres en guerre... | 5. ″ ″ | 150. ″ ″ | 1800. | 10. ″ ″ | 300. ″ ″ | 3600. |
| A chaque Lieutenant, deux livres quatre ſols cinq den. un tiers en paix, & deux livres quinze ſols ſix deniers deux tiers en guerre... | 2. 4. 5 $\frac{1}{3}$ | 66. 13. 4 | 800. | 2. 15. 6 $\frac{2}{3}$ | 83. 6. 8 | 1000. |
| A chaque Sous-lieutenant, une livre ſept ſols neuf deniers un tiers en paix, & deux livres quatre ſols cinq deniers un tiers en guerre... | 1. 7. 9 $\frac{1}{3}$ | 41. 13. 4 | 500. | 2. 4. 5 $\frac{1}{3}$ | 66. 13. 4 | 800. |
| A chaque Maréchal-des-logis, douze ſols en paix, & quatorze ſols en guerre............. | ″ 12. ″ | 18. ″ ″ | 216. | ″ 14. ″ | 21. ″ ″ | 252. |
| A chaque Fourrier, dix ſols ſix deniers en paix, & douze ſols ſix deniers en guerre.......... | ″ 10. 6 | 15. 15. ″ | 189. | ″ 12. 6 | 18. 15. ″ | 225. |
| A chaque Brigadier, ſept ſols ſix deniers en paix, & neuf ſols ſix deniers en guerre........ | ″ 7. 6 | 11. 5. ″ | 135. | ″ 9. 6 | 14. 5. ″ | 171. |
| A chaque Dragon ou Tambour, ſix ſols ſix deniers en paix, & huit ſols ſix deniers en guerre.. | ″ 6. 6 | 9. 15. ″ | 117. | ″ 8. 6 | 12. 15. ″ | 153. |
| *ÉTAT-MAJOR.* | | | | | | |
| Au Colonel de chaque légion & au Colonel-lieutenant du régiment des Volontaires de Clermont, douze liv. dix ſols en paix, & ſeize livres treize ſols quatre deniers en guerre.......... | 12. 10. ″ | 375. ″ ″ | 4500. | 16. 13. 4 | 500. ″ ″ | 6000. |
| Au Colonel du régiment des Volontaires de Soubiſe, ſix livres treize ſols quatre deniers en tout temps.................... | 6. 13. 4 | 200. ″ ″ | 2400. | 6. 13. 4 | 200. ″ ″ | 2400. |
| Au Colonel en ſecond dudit régiment, cinq liv. ſeize ſols huit den. en paix, & dix livres en guerre.. | 5. 16. 8 | 175. ″ ″ | 2100. | 10. ″ ″ | 300. ″ ″ | 3600. |

| | EN TEMPS DE PAIX. | | | EN TEMPS DE GUERRE. | | |
|---|---|---|---|---|---|---|
| | Par jour. | Par mois. | Par an. | Par jour. | Par mois. | Par an. |
| Au Colonel-commandant de chaque légion, dix livres en paix, & quinze livres en guerre..... | 10$^{l}$ ″$^{s}$ ″$^{d}$ | 300$^{l}$ ″$^{s}$ ″$^{d}$ | 3600$^{l}$ | 15$^{l}$ ″$^{s}$ ″$^{d}$ | 450$^{l}$ ″$^{s}$ ″$^{d}$ | 5400$^{l}$ |
| A chaque Lieutenant-colonel, neuf livres quatorze ſols cinq den. un tiers en paix, & quinze livres en guerre ............... | 9. 14. 5 $\frac{1}{3}$ | 291. 13. 4 | 3500. | 15. ″ ″ | 450. ″ ″ | 5400. |
| A chaque Major, huit livres en paix, & onze livres deux ſols deux deniers deux tiers en guerre.... | 8. ″ ″ | 240. ″ ″ | 2880. | 11. 2. 2 $\frac{2}{3}$ | 333. 6. 8 | 4000. |
| A chaque Aide-major d'Infanterie, avec commiſſion de Capitaine, quatre livres trois ſols quatre deniers en paix, & ſix livres treize ſols quatre deniers en guerre... | 4. 3. 4 | 125. ″ ″ | 1500. | 6. 13. 4 | 200. ″ ″ | 2400. |
| A chaque Aide-major d'Infanterie, ſans commiſſion de Capitaine, deux livres dix ſols en paix, & cinq livres en guerre....... | 2. 10. ″ | 75. ″ ″ | 900. | 5. ″ ″ | 150. ″ ″ | 1800. |
| A chaque Aide-major de Dragons, avec commiſſion de Capitaine, cinq livres en paix, & huit livres ſix ſols huit den. en guerre. | 5. ″ ″ | 150. ″ ″ | 1800. | 8. 6. 8 | 250. ″ ″ | 3000. |
| A chaque Aide-major de Dragons, ſans commiſſion de Capitaine, quatre livres trois ſols quatre den. en paix, & cinq livres onze ſols un denier un tiers en guerre.. | 4. 3. 4 | 125. ″ ″ | 1500. | 5. 11. 1 $\frac{1}{3}$ | 166. 13. 4 | 2000. |
| Au Sous-aide-major d'Infanterie, qui ſera créé en temps de guerre, trois liv. ſix ſols huit den.. | ........ | ........ | ........ | 3. 6. 8 | 100. ″ ″ | 1200. |
| Au Sous-aide-major de Dragons, qui ſera créé en temps de guerre, trois livres ſix ſols huit deniers.................. | ........ | ........ | ........ | 3. 6. 8 | 100. ″ ″ | 1200. |
| Au Tréſorier, en temps de guerre ſeulement, huit livres ſix ſols huit deniers........... | ........ | ........ | ........ | 8. 6. 8 | 250. ″ ″ | 3000. |
| Au Quartier-maître, en temps de guerre ſeulement, deux livres quatre ſols cinq den. un tiers... | ........ | ........ | ........ | 2. 4. 5 $\frac{1}{3}$ | 66. 13. 4 | 800. |
| A l'Aumônier, en temps de guerre ſeulement, une livre ſept ſols neuf deniers un tiers...... | ........ | ........ | ........ | 1. 7. 9 $\frac{1}{3}$ | 41. 13. 4 | 500. |
| Au Chirurgien, en temps de guerre ſeulement, une livre ſept ſols neuf deniers un tiers...... | ........ | ........ | ........ | 1. 7. 9 $\frac{1}{3}$ | 41. 13. 4 | 500. |

Voulant Sa Majeſté que la paye de guerre ne ſoit

| | EN TEMPS DE PAIX. | | | EN TEMPS DE GUERRE. | | |
|---|---|---|---|---|---|---|
| | Par jour. | Par mois. | Par an. | Par jour. | Par mois. | Par an. |
| ɪel-commandant de n, dix livres en paix, res en guerre..... | 10ˡ ″ˢ ″ᵈ | 300ˡ ″ˢ ″ᵈ | 3600ˡ | 15ˡ ″ˢ ″ᵈ | 450ˡ ″ˢ ″ᵈ | 5400ˡ |
| Lieutenant-colonel, ɪatorze ſols cinq den. ɔaix, & quinze livres ............... | 9. 14. 5 $\frac{1}{3}$ | 291. 13. 4 | 3500. | 15. ″ ″ | 450. ″ ″ | 5400. |
| Major, huit livres en livres deux ſols deux tiers en guerre.... | 8. ″ ″ | 240. ″ ″ | 2880. | 11. 2. 2 $\frac{2}{3}$ | 333. 6. 8 | 4000. |
| Aide-major d'Infan-ommiſſion de Capi-livres trois ſols quatre ɪix, & ſix livres treize leniers en guerre... | 4. 3. 4 | 125. ″ ″ | 1500. | 6. 13. 4 | 200. ″ ″ | 2400. |
| Aide-major d'Infan-ɔmmiſſion de Capi-ivres dix ſols en paix, s en guerre....... | 2. 10. ″ | 75. ″ ″ | 900. | 5. ″ ″ | 150. ″ ″ | 1800. |
| Aide-major de Dra-ommiſſion de Capi-ivres en paix, & huit s huit den. en guerre. | 5. ″ ″ | 150. ″ ″ | 1800. | 8. 6. 8 | 250. ″ ″ | 3000. |
| Aide-major de Dra-ommiſſion de Capi-livres trois ſols quatre , & cinq livres onze r un tiers en guerre.. | 4. 3. 4 | 125. ″ ″ | 1500. | 5. 11. 1 $\frac{1}{3}$ | 166. 13. 4 | 2000. |
| -aide-major d'Infan-ra créé en temps de liv. ſix ſols huit den.. | ......... | ......... | ......... | 3. 6. 8 | 100. ″ ″ | 1200. |
| aide-major de Dra-ra créé en temps de 3 livres ſix ſols huit .............. | ......... | ......... | ......... | 3. 6. 8 | 100. ″ ″ | 1200. |
| ɔrier, en temps de ment, huit livres ſix iers............ | ......... | ......... | ......... | 8. 6. 8 | 250. ″ ″ | 3000. |
| ier-maître, en temps ulement, deux livres nq den. un tiers... | ......... | ......... | ......... | 2. 4. 5 $\frac{1}{3}$ | 66. 13. 4 | 800. |
| ônier, en temps de nent, une livre ſept iers un tiers...... | ......... | ......... | ......... | 1. 7. 9 $\frac{1}{3}$ | 41. 13. 4 | 500. |
| ɪrgien, en temps de nent, une livre ſept iers un tiers...... | ......... | ......... | ......... | 1. 7. 9 $\frac{1}{3}$ | 41. 13. 4 | 500. |

Voulant Sa Majeſté que la paye de guerre ne ſoit

donnée qu'à ceux desdits corps qui serviront en campagne, à commencer du jour de leur arrivée à l'armée jusqu'à celui de leur départ de l'armée pour rentrer dans le royaume; & que ceux qui demeureront en garnison dans le royaume pendant la guerre, ne touchent que la paye réglée pour le temps de paix.

XXIX.

VEUT & entend Sa Majesté que, sur la solde de paix réglée à chaque Sergent, Fourrier, Caporal, Appointé, Fusilier & Tambour des Troupes d'Infanterie, il en soit affecté seize deniers par chaque Sergent & Fourrier, & huit deniers par chaque Caporal, Appointé, Grenadier, Fusilier & Tambour, pour s'entretenir de linge & chaussure; & que sur la solde qui leur est réglée pour le temps de la guerre, il soit pareillement affecté au même usage, vingt deniers par chaque Sergent & Fourrier, & douze deniers par chaque Caporal, Appointé, Grenadier, Fusilier & Tambour.

A l'égard des Maréchaux-des-logis, Fourriers, Brigadiers, Dragons & Tambours des Troupes de Dragons, ils continueront, sur leur solde, de s'entretenir de linge & chaussure; & au moyen des deux sols de plus qui leur sont accordés pendant qu'ils serviront en campagne, la gratification dont ils jouissoient précédemment sous le titre d'*écu de campagne*, sera & demeurera supprimée à l'avenir.

XXX.

TOUS les Capitaines d'Infanterie & de Dragons des Troupes légères, seront à l'avenir déchargés du soin de faire les recrues & les remontes de leur compagnie; l'intention de Sa Majesté étant de leur faire fournir toutes les recrues & remontes dont ils auront besoin.

XXXI.

DÉFEND en conséquence Sa Majesté à tous lesdits Officiers, de donner à l'avenir aucuns congés absolus; se réservant d'expliquer par la suite ses intentions sur la manière dont ils seront expédiés.

## XXXII.

SA MAJESTÉ fera fournir à l'avenir auxdites Troupes l'armement dont elles pourront avoir beſoin.

## XXXIII.

LA Maſſe de l'habillement deſdits corps, ſera établie à commencer du jour de la nouvelle compoſition de chacun d'eux, qui ſera conſtatée par le procès-verbal du Commiſſaire des guerres qui y ſera préſent, ſur le pied par jour de deux ſols pour chaque Sergent, Maréchal-des-logis, Fourrier, Brigadier, Dragon & Tambour, & d'un ſol pour chaque Caporal, Appointé, Grenadier & Fuſilier; laquelle Maſſe ſera toûjours payée ſur le pied complet, & remiſe tous les mois, avec la ſolde, à la caiſſe du régiment; mais Sa Majeſté ſe réſerve l'adminiſtration directe de ladite Maſſe, au moyen de laquelle Elle donnera ſes ordres pour faire habiller toutes les Troupes légères.

## XXXIV.

A l'égard des réparations journalières qu'il conviendra de faire à l'habillement, équipement & armement deſdites Troupes, Sa Majeſté ſera former une Maſſe de ſix livres pour chaque homme par an, en tout temps; laquelle Maſſe ſera payée ſur le pied complet & remiſe tous les mois à la caiſſe du régiment, avec la Solde & la Maſſe de l'habillement, pour être employée auxdites réparations: Entend au ſurplus Sa Majeſté qu'il ſoit, par l'Officier de chaque corps chargé de la caiſſe, envoyé tous les ſix mois au Secrétaire d'État ayant le département de la guerre, un double, ſigné du Major & de lui, de l'état de recette & de dépenſe de cette Maſſe.

## XXXV.

L'INTENTION de Sa Majeſté eſt que ſur cette Maſſe il ſoit donné à chaque Tambour une haute-paye de deux ſols par jour; au moyen de laquelle leſdits Tambours ſeront tenus d'entretenir leur caiſſe de peaux & de cordages, & de ſe fournir de baguettes.

## XXXVI.

Sa Majesté voulant que les Officiers de Dragons des Troupes légères soient toûjours, & en tout temps, montés sur des chevaux pareils à ceux de la troupe, Elle enjoint aux Commissaires des guerres, de faire mention sur leurs revûes, du signalement desdits chevaux, desquels lesdits Officiers ne pourront se défaire sans permission des Officiers généraux qui seront chargés de l'inspection desdits corps de Troupes légères.

## XXXVII.

Il sera fourni, en temps de paix, une ration de fourrage pour les chevaux desdits Officiers de Dragons, de quelque grade qu'ils soient; se réservant Sa Majesté de régler par la suite le nombre de rations de fourrage qui leur devra être fourni en temps de guerre, & il en sera usé pour la fourniture de la ration de fourrage pour chaque cheval de Dragon, de la même manière que pour les régimens de Dragons.

## XXXVIII.

Les Capitaines, soit d'Infanterie, soit de Dragons des Troupes légères, jouiront dans tous les temps de leurs appointemens en entier, à la seule déduction des quatre deniers pour livre de leurs compagnies, non compris les Officiers, & ils ne payeront, ainsi que toutes les autres Troupes, aucuns faux-frais de telle espèce qu'ils puissent être.

## XXXIX.

Au moyen du traitement réglé par la présente ordonnance, les payes de gratification, les gratifications attachées aux charges, l'argent d'étape aux recrues, la remonte & l'ustensile seront supprimés, & les Capitaines seront tenus de veiller avec la même attention à tout ce qui pourra contribuer au bien-être des Soldats ou Dragons, à leur entretien & à la conservation des chevaux, sous peine à ceux qui y apporteront quelque négligence, d'être punis suivant l'exigence des cas.

## X L.

L'INTENTION de Sa Majesté étant, que dorénavant l'uniforme de tous les corps de Troupes légères soit invariable dans tous les temps, Elle a jugé à propos d'arrêter l'état des uniformes de chacun desdits corps, & de le faire annexer à la présente ordonnance: Enjoignant Sa Majesté aux Colonels desdits corps, de le faire exécuter dans tous ses points, leur défendant d'y souffrir aucun changement, sous les peines portées contre les Colonels de tous ses régimens, & notamment par l'article XLIX de l'ordonnance du 10 décembre 1762, concernant l'Infanterie françoise.

## X L I.

POUR parvenir à la nouvelle composition prescrite par la présente ordonnance, l'Inspecteur se conformera en tout point à ce qui est prescrit par les articles LXVI, LXVII, LXVIII, LXIX, LXX, LXXI & LXXII de l'ordonnance du 10 décembre 1762, concernant l'Infanterie françoise.

## X L I I.

L'INSPECTEUR procédera ensuite au renvoi des quatre Grenadiers, Fusiliers ou Dragons de chaque compagnie, dont les congés seront expirés depuis plus long-temps, il leur fera délivrer leur congé absolu, & ils seront conduits chez eux avec tous les autres Soldats ou Dragons réformés, de la manière réglée pour les Troupes d'Infanterie françoise & pour les Dragons.

## X L I I I.

DANS la légion Royale, actuellement composée de dix-sept compagnies, l'Inspecteur commencera par former la compagnie de Grenadiers, ensuite les compagnies de Fusiliers & les compagnies de Dragons, du nombre d'hommes & du nombre de chevaux prescrits par la présente ordonnance, en prenant tout ce qu'il y aura de meilleur & de plus en état de servir, tant en hommes qu'en chevaux.

XLIV.

L'INSPECTEUR en uſera de même pour former la légion de Conflans, en compoſant une compagnie de Grenadiers, huit compagnies de Fuſiliers & huit compagnies de Dragons du nombre preſcrit, en prenant auſſi tout ce qu'il y aura de meilleur & de plus en état de ſervir, tant en hommes qu'en chevaux, dans les douze compagnies dont elle eſt compoſée.

XLV.

POUR former la légion de Flandre, l'Inſpecteur ordonnera, de la part de Sa Majeſté, aux Officiers de l'État-major du régiment des Volontaires du Dauphiné, de ſe ſéparer, & de quitter le commandement dudit régiment; il incorporera enſuite les dix-ſept compagnies qui le compoſent, dans les dix-ſept du régiment des Volontaires de Flandre, en joignant les deux de Grenadiers, les ſeize compagnies de Fuſiliers & les ſeize compagnies de Dragons, pour réduire enſuite les dix-ſept compagnies reſtantes au nombre fixé par la préſente ordonnance, & les compoſer de tout ce qu'il y aura de meilleur & de plus en état de ſervir, tant en hommes qu'en chevaux.

XLVI.

IL en ſera uſé de même pour former la légion du Haynault, en incorporant les compagnies du régiment des Volontaires d'Auſtraſie dans celles du régiment des Volontaires du Haynault, de la manière preſcrite par l'article XLV.

XLVII.

A l'égard des régimens des Volontaires de Clermont & de Soubiſe, les quatre dernières compagnies de Fuſiliers & les quatre dernières compagnies de Dragons, ſeront incorporées dans les quatre premières de chaque eſpèce, & l'Inſpecteur réduira enſuite les neuf compagnies reſtantes au nombre d'hommes fixé par la préſente ordonnance.

XLVIII.

LES compagnies étant ainſi compoſées des hommes

& des chevaux les plus en état de servir, l'Inspecteur y attachera les Officiers qui devront les commander; voulant à cet effet Sa Majesté que le choix en soit fait par l'Inspecteur, de concert avec le Colonel, sans égard à l'anceinneté, mais suivant la qualité des services, & le degré d'intelligence de chacun.

XLIX.

TOUS les Officiers, de quelque grade qu'ils soient, & tous les Bas-officiers, Grenadiers, Fusiliers & Dragons, qui seront excédans, seront réformés; voulant Sa Majesté qu'il soit donné aux Officiers un mois d'appointemens pour leur donner moyen de retourner chez eux; & que les Bas-officiers, Grenadiers, Fusiliers & Dragons soient renvoyés de la même manière qu'Elle a réglé pour les troupes d'Infanterie françoise & pour les Dragons.

L.

L'INSPECTEUR fera dresser ensuite les contrôles, par compagnie, des hommes qui la composeront, contenant leurs noms, surnoms & signalement, le lieu & la date de leur naissance, leurs grades, l'époque de leur engagement, le signalement des chevaux des compagnies de Dragons, & il enverra des doubles de ces contrôles au Secrétaire d'État ayant le département de la guerre.

L I.

A l'égard des Officiers réformés, ils jouiront annuellement en appointemens qui leur seront payés sur les états que Sa Majesté en fera expédier; savoir, les Colonels, de trois mille six cents livres; les Colonels-commandans, de deux mille livres; les Lieutenans-colonels, de douze cents livres; les Majors & les Commandans de l'Infanterie, de huit cents livres; les Capitaines de Grenadiers, de six cents livres; ceux de Fusiliers, de cinq cents livres; les Capitaines en second & les Aides-majors d'Infanterie, de quatre cents livres; les Capitaines de Dragons, de cinq cents livres; les Capitaines en second & les Aides-majors de Dragons, de quatre cents cinquante livres: les Lieutenans-colonels réformés à la suite desdits corps, de douze cents livres; les Capitaines réformés de Dragons, de cinq cents livres; & ceux d'Infanterie, de quatre cents livres.

Les Lieutenans qui ont paſſé par les grades de Sergent ou de Maréchal-des-logis, de trois cents livres; les Sous-lieutenans qui auront paſſé par les mêmes grades, de deux cents ſoixante-dix livres.

A l'égard des Lieutenans & Sous-lieutenans qui n'auront point paſſé par ces grades, mais qui ſe trouveront avoir ſervi au moins dix ans, ils jouiront auſſi en appointemens, ſavoir, les Lieutenans de deux cents livres, & les Sous-lieutenans de cent cinquante livres.

L I I.

L'INTENTION de Sa Majeſté n'étant plus d'entretenir d'Officiers réformés à la ſuite des corps de Troupes légères, ceux qui y ſont actuellement employés ſe retireront chez eux, où ils jouiront, ſuivant leur grade, des appointemens réglés par l'article précédent : Voulant cependant Sa Majeſté que ceux des Officiers de Troupes légères, auxquels, pour des raiſons particulières, Elle auroit précédemment accordé des appointemens plus forts, continuent d'en jouir ainſi qu'ils ont fait juſqu'à préſent.

L I I I.

ENTEND au ſurplus Sa Majeſté que tout ce qu'Elle a preſcrit pour ſes Troupes d'Infanterie françoiſe & pour ſes régimens de Dragons, par ſes ordonnances des 10 & 21 décembre 1762, ſoit ponctuellement exécuté dans ſes Troupes légères, en tout ce qui ne ſera pas contraire à la préſente.

L I V.

A l'égard du régiment des Volontaires de Wurmſer & de la compagnie des Chaſſeurs de Poncet, qui doivent être licenciés en entier, Sa Majeſté donnera ſes ordres particuliers à l'Officier général qu'Elle chargera de leur licenciement.

MANDE & ordonne Sa Majeſté aux Officiers généraux

ayant commandement ſur ſes Troupes, aux Gouverneurs & Lieutenans généraux en ſes provinces, aux Gouverneurs & Commandans de ſes villes & places, aux Inſpecteurs de ſes Troupes légères, aux Commiſſaires des guerres, & à tous autres ſes Officiers qu'il appartiendra, de tenir la main à l'exécution de la préſente. FAIT à Verſailles le premier mars mil ſept cent ſoixante-trois. *Signé* LOUIS. *Et plus bas,* LE DUC DE CHOISEUL.

---

## *ÉTAT arrêté par le Roi, de l'Uniforme que Sa Majeſté a réglé pour l'Habillement & Équipement des Troupes légères.*

### *LÉGION ROYALE.*

Habit de drap bleu, doublé de ſerge ou cadis de même couleur, collet & parement en retrouſſis à la Polonoiſe, de drap rouge, fixé par un petit bouton, dix gros boutons ſur le devant de l'habit, un à la hanche & un à la poche, en toile, qui ſera couſue dans les plis.

La veſte de drap bleu, avec patelette rouge à la manche, doublée de toile écrue, le devant garni de dix boutons, ſans poches.

Boutons blancs unis, forme plate.

L'équipage du cheval des Dragons ſera de drap bleu, bordé d'un galon de la largeur d'un pouce, en laine, fond blanc, liſéré d'une raie rouge de chaque côté.

### *LÉGION DE FLANDRE.*

Habit de drap jaune, doublé de ſerge ou cadis de même couleur, collet, revers & parement en retrouſſis à la Polonoiſe, de drap vert, fixé par un petit bouton, dix gros boutons ſur le devant de l'habit, un à la hanche & un à la poche, en toile, qui ſera couſue dans les plis.

La veſte de drap jaune, avec patelette verte à la manche, doublée de toile écrue, le devant garni de dix boutons, ſans poches.

Boutons blancs unis, forme plate.

L'équipage du cheval des Dragons ſera de drap jaune, bordé d'un galon de la largeur d'un pouce, en laine, fond blanc, liſéré de chaque côté d'une raie en laine blanche.

### *LÉGION DU HAYNAULT.*

Habit de drap bleu, doublé de ſerge ou cadis de couleur ventre-de-biche, collet & paremens en retrouſſis à la Polonoiſe, de panne noire, fixé avec un petit bouton, dix gros boutons ſur le devant de l'habit, un à la hanche & un à la poche, en toile, qui ſera couſue dans les plis.

La veste de drap ventre-de biche, avec patelette noire à la manche, doublée de toile écrue, le devant garni de dix boutons, sans poches.

Boutons blancs unis, forme plate.

L'équipage du cheval des Dragons sera de drap bleu, bordé d'un galon de la largeur d'un pouce, en laine, fond blanc, coupé au milieu par une raie noire de quatre lignes.

## *LÉGION DE CONFLANS.*

Habit de drap vert, doublé de serge ou cadis de même couleur, collet & parement en retroussis à la Polonoise, de drap vert, fixé avec un petit bouton, dix gros sur le devant de l'habit, un à la hanche & un à la poche, en toile, qui sera cousue dans les plis.

La veste de drap vert, avec patelette de même couleur à la manche, doublée de toile écrue, fermée de dix boutons sur le devant, sans poches.

Boutons jaunes unis, forme plate.

L'équipage du cheval des Dragons sera de drap vert, bordé d'un galon de la largeur d'un pouce, en laine, fond blanc, coupé au milieu par une raie verte large de quatre lignes.

## *RÉGIMENT DES VOLONTAIRES DE CLERMONT.*

Habit de drap ventre-de-biche, doublé de serge ou cadis rouge, collet & parement en retroussis à la Polonoise, de drap ventre-de-biche, fixé avec un petit bouton, dix gros sur le devant de l'habit, un à la hanche & un à la poche, en toile, qui sera cousue dans les plis.

La veste de drap rouge, avec une patelette de drap ventre-de-biche à la manche, doublée de toile écrue, fermée de dix boutons sur le devant, sans poches.

Boutons blancs unis, forme plate.

L'équipage du cheval des Dragons sera de drap ventre-de-biche, bordé d'un galon de la largeur d'un pouce, en laine, fond blanc, coupé au milieu par une raie ventre-de-biche large de quatre lignes.

## *RÉGIMENT DES VOLONTAIRES DE SOUBISE.*

Habit & collet de drap bleu, doublé de serge ou cadis blanc, parement en retroussis à la Polonoise, de drap blanc, fixé avec un petit bouton, dix gros sur le devant de l'habit, un à la hanche & un à la poche, en toile, qui sera cousue dans les plis.

La veste de drap blanc, avec une patelette de drap bleu à la manche, doublée de toile écrue, fermée de dix boutons sur le devant, sans poches.

Boutons blancs unis, forme plate.

L'équipage du cheval des Dragons sera de drap bleu, bordé d'un galon de la largeur d'un pouce, en laine blanche.

L'HABILLEMENT des Sergens, Fourriers, Caporaux,

Appointés & Soldats; & des Maréchaux-des-logis, Fourriers, Brigadiers & Dragons de tous les corps de Troupes légères, ſans exception, porteront l'habillement, avec collet & paremens en retrouſſis, des couleurs réglées, & garnis du nombre de boutons qui eſt déterminé par le devis de l'uniforme de chaque corps.

Les boutonnières ne ſeront faites qu'en poil-de-chèvre, de la couleur des étoffes ſur leſquelles elles ſont appliquées, celui des autres couleurs étant expreſſément défendu.

Les habits de l'Infanterie ſeront garnis ſeulement d'une épaulette de drap.

Ceux des Dragons le ſeront, en ſus, d'une éguillette en laine, mêlée des couleurs du galon réglé pour l'équipage du cheval, à l'exception du Maréchal-des-logis, qui portera l'éguillette en ſoie, des mêmes couleurs.

Les collets auront trois pouces & demi de largeur.

Les culottes, pour l'Infanterie, ſeront de tricot blanc.

Celles des Dragons ſeront de peau couleur chamois.

Les Grenadiers porteront des bonnets de peau d'ours pour coëffure.

Le ſurplus de l'Infanterie ſera coëffée en chapeaux bordés de galon de laine ou fil, aurore ou blanc, ſuivant la couleur du bouton.

Les Dragons porteront les caſques en fer, montés d'une façon ſimple & ſolide.

Il leur ſera délivré un ſarot d'étoffe appelée *tiretaine-croiſée*, de couleur gris-de-fer.

Le manteau des Dragons ſera de drap gris-blanc, d'une aune de large, fabriqué & apprêté à deux envers, parementé ſur le devant d'une aune de cadis-canourgue de même couleur que la doublure des habits, garni de trois doubles brandebourgs en laine, des mêmes couleurs que celles qui ſont réglées pour l'équipage du cheval.

Les Tambours porteront la livrée des Colonels, avec les revers, collet & paremens des couleurs réglées à chaque régiment, pour être plus facilement diſtingués entre eux; les paremens, devant & derrière de l'habit, & les poches ſeront bordés d'un petit galon de livrée, ſans brandebourgs ni autres ornemens.

Les habits uniformes des Officiers, ſeront ſemblables à ceux des Soldats & Dragons, & ne différeront que par la qualité des draps d'Elbeuf ou des manufactures de pareille espèce, & des boutons qui seront dorés ou argentés; il ne sera employé de doublures aux habits d'aucune autre étoffe que de laine, ni aucuns galons ou boutonnières de fil d'or ou d'argent sur les justaucorps, manteaux & redingotes, ni sur les vestes.

Et pour que chacun desdits Officiers ait un ornement distinctif du grade qu'il occupera dans le Corps,

Le COLONEL portera sur l'épaule droite une aiguillette pleine en or ou en argent, & sur la gauche une épaulette riche, garnie de franges en graine d'épinars, nœuds de cordelières & jasmins en or ou en argent, suivant la couleur du bouton.

Le COLONEL-COMMANDANT portera, comme le Colonel, l'éguillette & l'épaulette de même.

Le LIEUTENANT-COLONEL portera, de même que les Colonels, l'éguillette & l'épaulette, qui ne sera garnie que de graines d'épinars & nœuds de cordelières, sans jasmins.

Le MAJOR portera les mêmes ornemens, si ce n'est que l'épaulette ne sera garnie que d'une frange simple, sans nœuds de cordelières, ni graines d'épinars.

Le CAPITAINE de Dragons & l'AIDE-MAJOR qui aura commission de Capitaine, porteront l'épaulette & l'éguillette comme celles du Major, excepté que l'épaulette ne sera garnie d'aucune frange.

Le CAPITAINE d'Infanterie & l'AIDE-MAJOR avec commission de Capitaine, porteront à gauche une épaulette en or ou en argent, garnie d'une frange simple seulement.

Le LIEUTENANT de Dragons portera l'éguillette mêlée de deux tiers d'or ou d'argent avec un tiers de soie, & l'épaulette à carreaux de soie aurore ou blanche, sur un fond de tresse d'or ou d'argent, suivant la couleur du bouton.

Le LIEUTENANT d'Infanterie portera seulement l'épaulette ci-dessus désignée pour celui des Dragons.

Le SOUS-LIEUTENANT des Dragons portera l'éguillette à deux tiers de soie, avec un tiers d'or ou d'argent; & portera en sus, de même que le SOUS-LIEUTENANT d'Infanterie, l'épaulette en tresse losangée d'or ou d'argent, à fond de soie aurore ou blanche, suivant la couleur du bouton.

Les AIDES-MAJOR qui n'auront point de commission de Capitaine, & les SOUS-AIDES-MAJOR de Dragons & d'Infanterie, porteront les distinctions réglées pour le grade de Lieutenant ou de Sous-lieutenant qu'ils auront.

Les QUARTIERS-MAÎTRES porteront l'aiguillette comme le Sous-lieutenant, & l'épaulette en tresse de soie aurore ou blanche, lisérée de deux cordons de tresse d'or ou d'argent.

Les MARÉCHAUX-DES-LOGIS, indépendamment de l'éguillette en soie qui leur est ci-devant réglée, porteront, de même que les Sergens d'Infanterie, un petit bordé en galon d'or ou d'argent de la largeur d'un pouce, autour du parement en retroussis de l'habit.

Les FOURRIERS d'Infanterie & de Dragons porteront, à chaque manche au dessous du coude, deux bandes de galon d'or ou d'argent de la largeur de dix lignes, cousues au dehors du bras d'une couture à l'autre.

Les BRIGADIERS de Dragons & les CAPORAUX d'Infanterie, seront distingués par un bordé de galon de laine aurore ou blanche, de la largeur de dix lignes autour du retroussis, avec un autre petit bordé de huit lignes de largeur, qui sera cousu sur la manche de l'habit, pour figurer le double galon au parement.

Les APPOINTÉS porteront un simple bordé au parement, de galon de laine aurore ou blanche, de la largeur de dix lignes.

Les parties d'équipement ou de buffleterie de tous les Corps de Troupes légères, seront exécutées en cuir rouge de Russie; Sa Majesté défendant expressément l'usage de la buffleterie jaune ou blanche.

FAIT à Versailles le premier mars mil sept cent soixante-trois. *Signé* LOUIS. *Et plus bas*, LE DUC DE CHOISEUL.

A PARIS, DE L'IMPRIMERIE ROYALE. 1763.

www.ingramcontent.com/pod-product-compliance
Ingram Content Group UK Ltd.
Pitfield, Milton Keynes, MK11 3LW, UK
UKHW032031260826
14628UKWH00006B/2877

9 782329 603988